Einsterns Schwester

Themenheft 2
Richtig schreiben

Herausgegeben von
Roland Bauer, Jutta Maurach

Erarbeitet von
Ulrike Schmucker, Schrobenhausen

Auf der Grundlage der Ausgabe von
Wiebke Gerstenmaier
Sonja Grimm

Cornelsen

Inhaltsverzeichnis

Lernportion 1
Mit Silben arbeiten

- Vokale einsetzen 5
- Wörter in Silben zerlegen 6
- Mit Silben richtig abschreiben 7
- Texte richtig abschreiben 8
- Wörter richtig trennen 9
- Trennungsregeln anwenden 10
- Wörter mit verstecktem r schreiben 11

Lernportion 2
Der kurze Vokal

- Kurze und lange Vokale unterscheiden 12
- Wörter mit doppelten Konsonanten untersuchen .. 13
- Wörter mit doppelten Konsonanten verlängern 14
- Wörter mit doppelten Konsonanten erkennen 15
- Doppelte Konsonanten in einem Schleichdiktat üben ... 16

Lernportion 3
Kurze und lange Vokale

- Wörter mit tz üben 17
- Wörter mit ck aufschreiben 18
- Wörter mit tz und ck trennen 19
- Wörter mit ie verlängern 20
- Den Vokalwechsel beachten 21
- Bingo mit ie-Wörtern spielen 22

Lernportion 4
Ableiten und verlängern

- Nomen mit b, d und g verlängern 23
- Verben verlängern 24
- Adjektive verlängern 25
- Verben und Nomen ableiten 26
- Verben mit ng und nk verlängern 27

Lernportion 5
Nachschlagen

- Das Alphabet wiederholen 28
- Wörter im Wörterbuch finden 29
- Mehrzahlformen im Wörterbuch finden 30
- Verbformen im Wörterbuch finden 31
- Zusammengesetzte Nomen nachschlagen 32
- Fremdwörter aufschreiben und erklären 33
- Wörter nachschlagen und Texte berichtigen 34

Lernportion 6
Merkwörter und häufige kleine Wörter

M

- v-Laute unterscheiden 35
- Häufige kleine Wörter üben 36
- Wörter mit doppelten Vokalen üben 37
- Wörter mit Dehnungs-h erkennen 38
- Wörter mit ß einsetzen 39
- Wörter mit ih merken 40
- Wörter mit qu bilden 41

Lernportion 7
Groß- und Kleinschreibung

- Nomen erkennen 42
- Satzanfänge großschreiben 43
- Zeitangaben großschreiben 44
- Personalpronomen im Brief großschreiben 45

Lernportion 8
Fehler berichtigen

- Einen Text berichtigen 46
- Nach Rechtschreibstrategien ordnen 47
- Rechtschreibstrategien anwenden 48
- Rechtschreibfehler berichtigen 49
- Einen Unsinnstext untersuchen 50

Wörterliste 51
Lernwörter-Übungsplan ..... Umschlaginnenseite hinten

So kannst du mit den Heften arbeiten

Du machst alle
Seiten der Lernportion 1:

zuerst im
grünen Heft,

dann im
roten Heft,

dann im
gelben Heft

und dann im
blauen Heft.

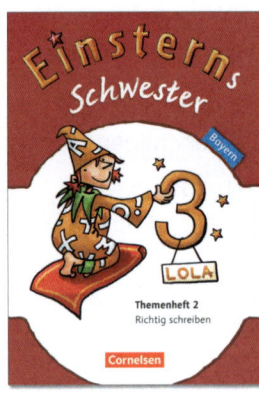

Danach machst du in
allen Heften die Lernportion 2.

Nun machst du in
allen Heften die Lernportion 3.

Genauso bearbeitest du
alle anderen Lernportionen.

1 Vokale einsetzen

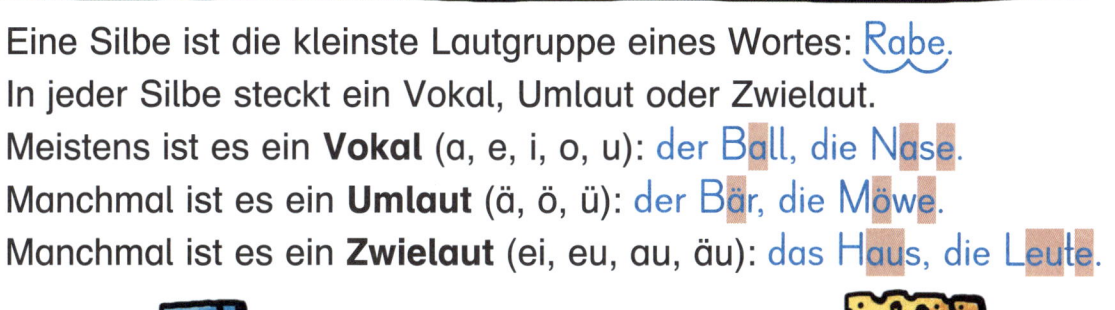

Eine Silbe ist die kleinste Lautgruppe eines Wortes: Rabe.
In jeder Silbe steckt ein Vokal, Umlaut oder Zwielaut.
Meistens ist es ein **Vokal** (a, e, i, o, u): der Ball, die Nase.
Manchmal ist es ein **Umlaut** (ä, ö, ü): der Bär, die Möwe.
Manchmal ist es ein **Zwielaut** (ei, eu, au, äu): das Haus, die Leute.

1 Finde passende Vokale. Schreibe die Wörter mit Silbenbögen richtig auf. Markiere die Vokale.

Heft 2 Seite 5 Aufgabe 1
a) Licht, …
b) Raumschiff, …

a) ✦ L✦cht ✦ L✦ch ✦ L✦ft
✦ M✦nsch ✦ Z✦tung ✦ geh✦ren

b) ✦ R✦msch✦ff ✦ St✦rnb✦ld
✦ M✦nd ✦ M✦lchstr✦ß✦
✦ W✦lt✦ll ✦ R✦k✦t✦

2 Viele Wörter haben die Endungen **-er**, **-el** oder **-en**.
Schreibe die Wörter mit Silbenbögen auf.
Markiere die Vokale.

Heft 2 Seite 5 Aufgabe 2
Amsel, …

Ams✦ Himm✦ Gewitt✦
flieg✦ wart✦ Vog✦
West✦ Ost✦ Wett✦ Neb✦
Flüg✦ Gab✦ wein✦
darüb✦ bleib✦ Ins✦

Sprich deutlich in Silben, dann kannst du das e besser hören.

das Licht
das Loch
die Luft
der Mensch
die Zeitung
gehören
weinen

3 Suche dir ein Partnerkind.
Überlegt gemeinsam,
wobei euch Silbenbögen helfen.

Lernportion 1: Mit Silben arbeiten 5

1 Wörter in Silben zerlegen

1 Sprich die Wörter zusammen mit einem Partnerkind deutlich in Silben. Schwingt zu den Silben.

| Tür | Türen | Steine | Wagen | Foto |

| Milch | Gesicht | Geschichte |

| Regenwurm | Baumrinde | Regenbogen |

In jeder Silbe steckt ein Vokal: Milch, Wagen

2 Schreibe die Wörter aus **1** mit Silbenbögen in dein Heft. Markiere die Vokale und Umlaute.

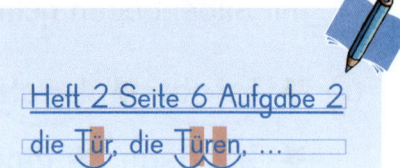

Heft 2 Seite 6 Aufgabe 2
die Tür, die Türen, …

3 Setze die gleichfarbigen Silben zu Wörtern zusammen. Bilde sechs Wörter und zeichne die Silbenbögen ein.

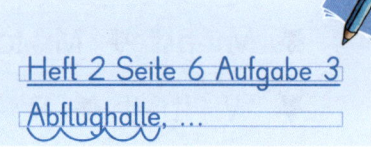

Heft 2 Seite 6 Aufgabe 3
Abflughalle, …

4 Vergleicht in der Gruppe eure Ergebnisse von **3**.
Überlegt, wie du Wörter in Silben zerlegst.
Erkläre dein Vorgehen und vergleicht eure Wege.

Tank wa gen

das Gesicht
der Stein
der Wagen
die Milch
die Tür

6 Lernportion 1: Mit Silben arbeiten → AH Seite 7

1 Mit Silben richtig abschreiben

So schreibe ich richtig ab:
- Ich spreche ein Wort oder mehrere Wörter in Silben.
- Ich merke mir schwierige Stellen.
- Ich schreibe die Wörter auswendig auf und spreche dabei in Silben.
- Ich zeichne die Silbenbögen darunter und prüfe das Wort.

1 Schreibe die Wörter der Einkaufsliste mit Silbenbögen untereinander in dein Heft. Achte auf schwierige Stellen.

★ Margarine ★ zwei Honigkuchen ★ sieben Bananen
★ fünf Sesambrötchen ★ sechs Kilo Äpfel
★ fünfhundert Gramm Milchreis ★ zwölf Liter Vollmilch

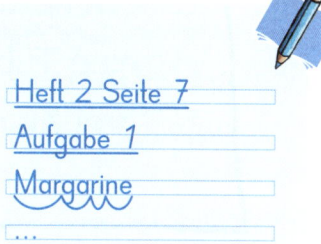

Heft 2 Seite 7
Aufgabe 1
Margarine
...

2 Schreibe den Text als Schleichdiktat.
Die Anleitung findest du auf Seite 16.
Zeichne zur Kontrolle die Silbenbögen ein.
Suche dir ein Partnerkind. Es kontrolliert deinen Text.

Heft 2 Seite 7
Aufgabe 2
Wenn du lachst, …

Wenn du lachst, I werden deine Augen eng. I
Die Nasenlöcher weiten sich. I Die Mundwinkel I
ziehen sich nach oben I und du zeigst deine Zähne. I
Lachen ist für den Körper I sehr anstrengend. I Aber zu lachen I
ist auch sehr gesund I und hilft prima I bei schlechter Laune!

3

die Nase   zwei
schlecht   zwölf
hilft – helfen   sechs
oben

Lernportion 1: Mit Silben arbeiten   7

1 Texte richtig abschreiben

1 Lies die Einkaufsliste.
Schreibe die Einkaufsliste mit Silbenbögen richtig auf.

acht Oktopusschwänze
sieben Warzenkröteneier
zwei Tüten rosa Oleanderblüten
fünf Krokodilstränen
eine Tube Schleimpasta
drei Kilo Knochenpulver
Baldrian

Heft 2 Seite 8 Aufgaben 1 + 2
acht Oktopusschwänze
sieben Warzenkröteneier
…

2 Lies den Zauberspruch.
Schreibe die Zutaten ebenfalls mit Silbenbögen zu der Einkaufsliste.

Zauberspruch

Nimm Entenfedern, Löwenzahn
und einen Löffel Lebertran.
Sprich: „Hunke-munke-mops" dabei
und mische einen dicken Brei.
Schmier dir die Nasenspitze ein,
und stell dich in den Mondenschein.
Und schwebst du nun nicht in die Nacht,
dann hast du etwas falsch gemacht!

Max Kruse

3 Reime die Zaubersprüche weiter.

Hunke-munke-mops …

Räubersäbel, Hasenzahn, Majoran und Parmesan …

Lirum Larum Besenstiel …

Lernportion 1: Mit Silben arbeiten

1 Wörter richtig trennen

Ist beim Schreiben am Zeilenende kein Platz mehr für mein Wort, trenne ich es. Für das Trennen gibt es verschiedene Regeln.
1. Einsilbige Wörter werden nicht getrennt: Haus, Tür.
2. Ich trenne nach **Sprechsilben**, das heißt: ich trenne die Wörter wie beim langsamen Sprechen: Ro-se, Wa-gen, Haus-auf-ga-ben, Wasch-ma-schi-ne.
3. Häufen sich die Konsonanten in Wörtern, ist es manchmal etwas schwieriger, sie eindeutig in Sprechsilben zu zerlegen. Bei diesen Wörtern kommt der letzte Konsonant auf die neue Zeile: Knos-pe, Strümp-fe, An-ker, But-ter, Fin-ger, trock-nen, wach-sen, ras-ten.

1 Sprich die Wörter langsam.
Trenne sie schriftlich in deinem Heft so, wie du es beim langsamen Sprechen getan hast.

Heft 2 Seite 9 Aufgabe 1
Haus-auf-ga-ben-heft, …

| Hausaufgabenheft | Wandertag | Schulbeginn |
| Wörterbuch | Elternsprechtag | Frühstückspausenbrot |

2 Schreibe die Wörter mit Trennstrichen in dein Heft.
Achte auf die Regeln zwei und drei.

Heft 2 Seite 9 Aufgabe 2
Imp-fung, …

Impfung	Entwicklung	Erwartung	Wildnis
Dummheit	Brennnessel	Dinge
Knospe	schwimmen	Zirkusdirektor

3 Suche dir ein Partnerkind. Vergleicht eure Ergebnisse von ❶ und ❷.
Besprich mit deinem Partner, bei welchen Wörtern in ❶ und ❷ es schwierig für dich ist, sie in Sprechsilben zu zerlegen.
Hat dein Partnerkind bei den gleichen Wörtern Probleme? Warum?

Lernportion 1: Mit Silben arbeiten 9

1 Trennungsregeln anwenden

Es gibt noch weitere Regeln für die Trennung von Wörtern.

4. ch, ck und sch sind **ein** Laut. Deshalb werden diese Buchstabengruppen nicht getrennt. Stehen die Laute allein, kommen sie in die zweite Silbe: we-cken, su-chen, wa-schen.
Kommen noch weitere Konsonanten hinzu, gilt Regel 3: trock-nen, wach-sen, Wasch-ma-schi-ne.

5. Bei den **Schreibsilben** darf ein Vokal nie alleine stehen, auch wenn ich es beim Sprechen anders höre: Amei-se, Ra-dio, Esel, Ele-na.

1 Schreibe die vorgegebenen Wörter und die passenden Reimwörter mit Trennstrichen auf.

1 springen ✯ br✯✯✯✯✯ ✯ gel✯✯✯✯✯

2 reiten ✯ str✯✯✯✯✯ ✯ gel✯✯✯✯✯

3 lenken ✯ sch✯✯✯✯✯ ✯ d✯✯✯✯✯

Heft 2 Seite 10 Aufgabe 1
1 sprin-gen, brin-gen, …
2 …

2 Trenne diese Wörter.
Schreibe dazu, welche Regel dir beim Trennen geholfen hat.

Heft 2 Seite 10 Aufgabe 2
Fisch – Regel 1 und 2,
Ge-sicht – Regel …

| Fisch | Gesicht | tanken | schwer |

| dunkel | schnarchen | Junge | Bursche |

| waschen | Wespe | Bäche |

| herrschen | brechen |

| Elefant | Alex |

Wenn du unsicher bist, wie du ein Wort trennen darfst, schau in der Wörterliste ab Seite 51 nach.

3 Suche dir eine Partnerkind.
Vergleicht eure Ergebnisse von ❶ und ❷.

Lernportion 1: Mit Silben arbeiten → AH Seite 8

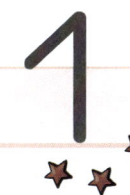 

Wörter mit verstecktem r schreiben

 1 Lies den Text abwechselnd mit einem Partnerkind. Achtet darauf, wie ihr die Wörter mit **r** aussprecht.

Das r nach einem Vokal spreche und höre ich oft nicht.

Ich bin super in Sport. Erst gestern habe ich es gemerkt. Ich kann 20 Meter werfen, erst dann fällt der Ball wieder auf die Erde. Vielleicht habe ich so starke Arme, weil ich so viel Wurst esse. Könnte das sein?

2 Schreibe alle **r**-Wörter aus dem Text in dein Heft. Markiere **r** und den Vokal davor.

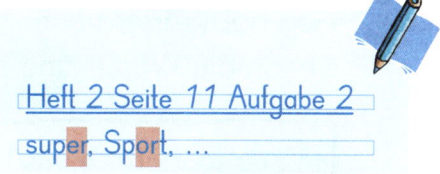

Heft 2 Seite 11 Aufgabe 2
super, Sport, …

3 Übe die Wörter aus **2** mit dem Wörterübungsplan (ganz hinten im Heft). Suche dir mindestens zwei Aufgaben heraus.

So kannst du alle Lernwörter üben.

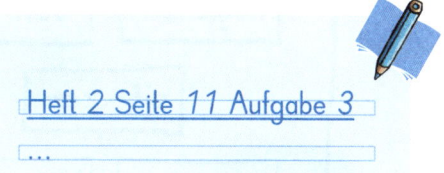

Heft 2 Seite 11 Aufgabe 3
…

4 Finde selbst Wörter mit verstecktem **r**. Schreibe sie auf.

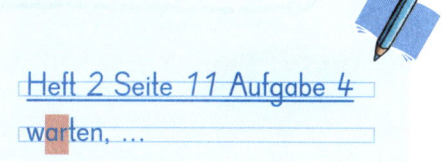

Heft 2 Seite 11 Aufgabe 4
warten, …

5 Überlege und schreibe auf, wie du am liebsten Lernwörter übst: Welche Aufgaben gefallen dir? Lernst du lieber allein oder mit einem Partnerkind? Begründe.

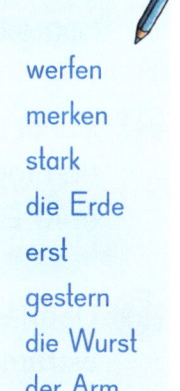

werfen
merken
stark
die Erde
erst
gestern
die Wurst
der Arm

Lernportion 1: Mit Silben arbeiten

Kurze und lange Vokale unterscheiden

Nach einem **kurz ausgesprochenen Vokal** (a, e, i, o, u)
folgen meist **zwei oder mehr Konsonanten:**
- verschiedene Konsonanten: der S<u>a</u>ft, w<u>i</u>nzig,
- zwei gleiche Konsonanten: der H<u>i</u>mmel, n<u>a</u>ss.

Nach einem **lang ausgesprochenen Vokal** oder einem **Zwielaut**
folgt meist nur **ein Konsonant:** die R<u>o</u>se, das Gr<u>a</u>s, die R<u>au</u>pe.

1 Lisa hat Wörter nach ihrem Klang in der ersten Silbe geordnet.
Sprich die Wörter und schau dir ihre Ordnung an.

2 Suche dir ein Partnerkind. Untersucht gemeinsam
die erste Silbe in den Wörtern in **1**.
Achtet dabei auf die Endung.
Schreibt eure Erkenntnisse auf einen Zettel.

3 Sucht euch weitere Kinder
und tauscht euch über
eure Erkenntnisse aus.

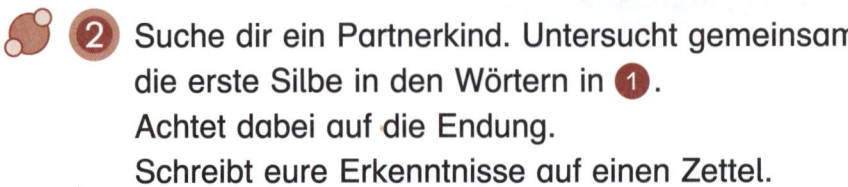

4 Überlegt gemeinsam und begründet,
warum Lisa immer nur
nach der ersten Silbe ordnet.

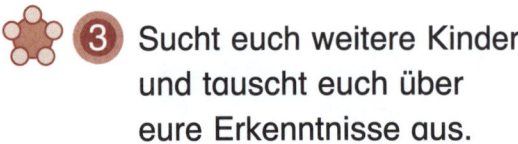

der Boden
der Finger
das Ding
der Hals
die Flasche
die Sache
schwer

12   Lernportion 2: Der kurze Vokal

2. Wörter mit doppelten Konsonanten untersuchen

1 Schreibe die Wortketten in Silben auf und setze einen Punkt (kurzer Vokal) oder einen Strich (langer Vokal) unter den betonten Vokal. Nutze deine Erkenntnisse von den Aufgaben aus Seite 12.

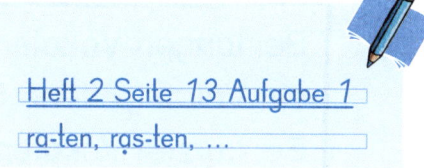
Heft 2 Seite 13 Aufgabe 1
ra-ten, ras-ten, ...

- raten   rasten   Ratten
- Ofen   Osten   offen
- schiefe   scharfe   Schiffe
- Schale   schlürfen   schallen
- Qualen   quengeln   Quallen
- Schafe   strampeln   schaffen

2 Suche dir andere Kinder.

a) Vergleicht eure Ergebnisse von **1**. Erkläre den anderen Kindern, wie du vorgegangen bist.

b) Überlegt gemeinsam und begründet, warum „Qualen" mit einem **l** und „Quallen" mit zwei **l** geschrieben werden.

3 Sortiere die Wörter nach **ff**, **ll**, **nn**, **ss**, **tt** und **mm**. Markiere den doppelten Konsonanten. Kennzeichne den kurzen Vokal davor mit einem Punkt. Schreibe in Silben.

Heft 2 Seite 13 Aufgabe 3
ff: Büf-fel, ...
ll: schnell, ...

schli✱   kle✱ern   e✱en   we✱en
Kra✱e   tre✱en   ko✱en   kö✱en   Gira✱e
schne✱   Ro✱e   Kape✱e   Gewi✱er
bi✱ig   bre✱en   Bü✱el   verge✱en

> Nach einem kurzen Vokal stehen oft zwei gleiche Konsonanten.

4 Schreibe eigene Wörter mit doppelten Konsonanten. Die Wörterliste oder ein Wörterbuch können dir helfen.

Heft 2 Seite 13 Aufgabe 4

kommen   schnell   schlimm
essen   vergessen   können

Lernportion 2: Der kurze Vokal

2. Wörter mit doppelten Konsonanten verlängern

Bei langen Vokalen steht am Ende der Silbe ein Vokal („offene Silbe"): ra-ten.
Bei kurzen Vokalen ist der Vokal am Ende der Silbe durch einen Konsonanten eingeschlossen („geschlossene Silbe"): ras-ten, Rat-te.

Manchmal kann ich einen **doppelten Konsonanten** schlecht hören. Um ihn hörbar zu machen, hilft das Verlängern:

Nomen:	Adjektiv:	Verb:
Stamm, die Stämme	dünn, ein dünner Mann	kommt, kommen

1 Verlängere die Wörter. Kennzeichne den kurzen Vokal.

krumm · trifft · rennt

Kamm · Schritt · dumm · voll

schnell · schnappt · kläfft

Heft 2 Seite 14 Aufgabe 1
krumm ↪ eine krumme Banane
...

Vor doppelten Konsonanten steht meist ein kurz gesprochener Vokal.

2 Suche dir ein Partnerkind. Vergleicht eure Lösungen von ❶.

3 Verlängere die Wörter mit Stern. Schreibe auf, wie du verlängert hast.

Nikos Schwi✶unterricht ist am Anfang du✶ gelaufen. In der ersten Stunde ist Niko durch das Hallenbad gera✶t, ausgerutscht und mit dem Knie auf die Fliesen gepra✶t. Doch er wollte den Anschlu✶ nicht verpassen und ging trotzdem ins Wasser. Jetzt ka✶ er schwimmen. Das Gefühl ist to✶.

Heft 2 Seite 14 Aufgabe 3
Schwimmunterricht ↪ schwimmen
...

14 Lernportion 2: Der kurze Vokal → AH Seite 13

2. Wörter mit doppelten Konsonanten erkennen

1 Sprich die Wörter in Silben. Trenne deutlich zwischen den doppelten Konsonanten, sodass du beide Konsonanten hören kannst.

| Wetter | Lappen | Teller | Messer | Löffel |

| essen | lassen | Matte | wollen |

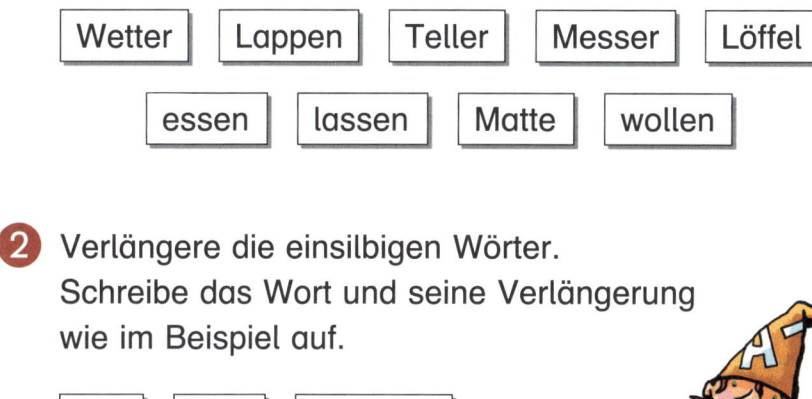

Am Wortende hörst du den doppelten Konsonanten nur als einen Laut. Mache ihn hörbar:
das Bett – die Betten

2 Verlängere die einsilbigen Wörter. Schreibe das Wort und seine Verlängerung wie im Beispiel auf.

| still | Bett | er nennt |

| er muss | Schloss | er will |

| es brennt | hell | schnell |

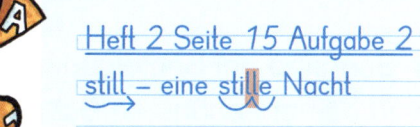

Heft 2 Seite 15 Aufgabe 2
still – eine stille Nacht
...

3 Suche dir ein Partnerkind. Sprecht die Wörter deutlich in Silben. Schreibt die sechs Wörter mit einem kurzen Vokal auf. Achtet dabei auf den doppelten Konsonanten.

Heft 2 Seite 15 Aufgabe 3
Brille, ...

4 Suche dir andere Kinder. Besprecht gemeinsam, wie ihr kurze Vokale erkennt.

Ich klatsche bei kurzen Vokalen und breite die Arme bei langen Vokalen aus.

Ich spreche das Wort langsam in Silben. Höre ich am Silbenende einen Vokal, dann ist es ein langer Vokal. „Ra-be" ist lang, aber „Ham-mer" ist kurz.

Ich spreche den Vokal im Wort einmal lang und einmal kurz und höre, was stimmt.

...

Lernportion 2: Der kurze Vokal

2. Doppelte Konsonanten in einem Schleichdiktat üben

So schreibe ich ein Schleichdiktat:
1. Ich lese den Text in Ruhe durch und lege ihn an einen weit entfernten Platz.
2. Ich merke mir einen Abschnitt bis zum Trennstrich und schleiche zu meinem Platz.
3. Ich schreibe den Abschnitt auf. Ich lasse dabei über jeder Zeile eine Zeile frei.
4. Ich schleiche wieder zum Text und merke mir den nächsten Abschnitt. Das mache ich solange, bis ich den Text geschrieben habe.
5. Ich hole den Text und kontrolliere Wort für Wort.
6. Ich streiche ein falsches Wort mit einem Lineal durch und schreibe das richtige Wort darüber.

1 Schreibe ein Schleichdiktat nach Lolas Anleitung in deiner schönsten Schrift. Setze dabei **ll**, **mm** oder **ss** passend in die Lücken ein. Decke die Lösung unten ab.

Heft 2 Seite 16 Aufgabe 1
Ein nasses Vergnügen
Bist
Bisst du im Sommer …

Ein na✶es Vergnügen |

Bist du im So✶er |

stark erhitzt, |

macht eine Wa✶erschlacht | riesigen Spaß. |

Besonders witzig ist es, | kleine Luftba✶ons | mit Wa✶er zu fü✶en. |

Mit den Wa✶erbomben | werden besti✶t | a✶e Kinder na✶. |

Zerplatzt ein buntes Gu✶igescho✶ | auf dem Asphalt, | spritzt es |

bis in die hinterste Ecke. | Flitzt man nicht | schne✶ genug davon |

oder findet kein sicheres Versteck, | bleibt besti✶t |

kein Kleidungsstück trocken.

Lösung:
Ein nasses Vergnügen
Bist du im Sommer stark erhitzt, macht eine Wasserschlacht riesigen Spaß. Besonders witzig ist es, kleine Luftballons mit Wasser zu füllen. Mit den Wasserbomben werden bestimmt alle Kinder nass. Zerplatzt ein buntes Gummigeschoss auf dem Asphalt, spritzt es bis in die hinterste Ecke. Flitzt man nicht schnell genug davon oder findet kein sicheres Versteck, bleibt bestimmt kein Kleidungsstück trocken.

Lernportion 2: Der kurze Vokal

3. Wörter mit tz üben

> **Nach einem kurzen Vokal** steht nicht zz, sondern **tz:** die Ka̧tze.
> Am Wortende kann ich das **tz** nur durch Verlängern hörbar machen:
> der Blitz – die Blit-ze.

1 Würfle und wähle eine der beiden Aufgaben.
Löse so mindestens vier verschiedene Aufgaben.

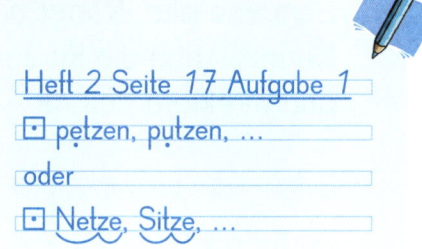

Heft 2 Seite 17 Aufgabe 1
☐ petzen, putzen, …
oder
☐ Netze, Sitze, …

Netz ✹ Mütze ✹ Tatze ✹ Pfütze ✹ Sitz ✹ Spitze ✹ petzen ✹ Latz ✹ Witz ✹ putzen ✹ sitzen ✹ schützen ✹ trotzig ✹ stützen ✹ Lakritze ✹ setzen ✹ Katze ✹ Verletzung ✹ plötzlich ✹ spitz ✹ Platz ✹ Blitz ✹ Schatz ✹ kratzen ✹ witzig ✹ kratzig ✹ ritzen

- ⚀ Schreibe alle Verben mit **tz** auf. Markiere den kurzen Vokal.
- ⚁ Schreibe alle Nomen mit **tz** auf. Markiere den kurzen Vokal.
- ⚂ Schreibe alle einsilbigen Wörter heraus.
- ⚃ Schreibe alle Nomen nach dem Alphabet geordnet auf.
- ⚄ Schreibe fünf Reimwortpaare mit **tz** auf.
- ⚅ Schreibe aus dem Gedächtnis möglichst viele **tz**-Wörter auf.

- ⚀ Verlängere alle Wörter, die auf **tz** enden.
- ⚁ Schreibe einen Unsinnsatz mit möglichst vielen **tz**-Wörtern.
- ⚂ Schreibe zehn **tz**-Wörter auf. Gestalte das **tz** besonders (groß, winzig, bunt, verschnörkelt …).
- ⚃ Schreibe ein kurzes **tz**-Gedicht.
- ⚄ Male ein Bild, auf dem viele **tz**-Wörter zu sehen sind.
- ⚅ Schreibe alle Adjektive mit **tz** auf. Markiere den kurzen Vokal.

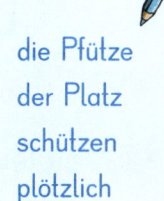

die Pfütze
der Platz
schützen
plötzlich

Lernportion 3: Kurze und lange Vokale

3. Wörter mit ck aufschreiben

Nach einem kurzen Vokal steht nicht kk sondern **ck**:
der Wecker, backen, dreckig.

1 Finde die Reimwörter.
Schreibe alle Wörter auf.
Kennzeichne die kurzen Vokale
und markiere das **ck**.

Heft 2 Seite 18 Aufgabe 1
backen – hacken –
der Nacken – die Zacken
...

backen	der Rücken	die Hecken	das Stück
hacken	pfl★	verst★	das Gl★
der Nacken	b★	erschr★	zur★
die Z★	die M★		

2 Bilde mindestens zehn Wörter mit **eck**
und schreibe sie auf.
Kennzeichne den kurzen Vokal mit einen Punkt.

Heft 2 Seite 18 Aufgaben 2+3
die Hecke, schlecken,
der Wecker, ...

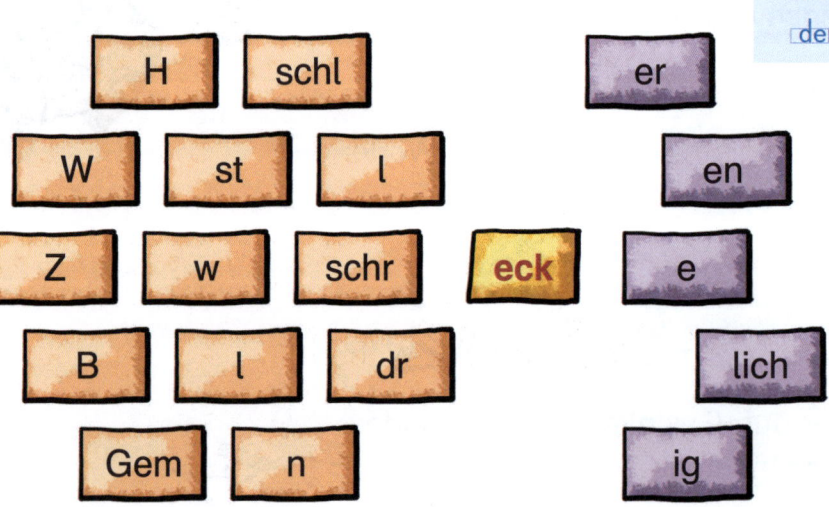

glücklich
das Glück
zurück
das Stück
verstecken
erschrecken
der Schreck

3 Vergleiche deine Lösung von **2** mit der eines Partnerkindes.
Findet und schreibt weitere Wörter mit **ck**.

Lernportion 3: Kurze und lange Vokale

3. Wörter mit tz und ck trennen

Wörter mit **tz** trenne ich wie sp und st in der Mitte: bli**tz**en, pu**tz**en.
Bei mehreren Konsonanten gilt wieder Regel 3: es bli**tz**-te, Pu**tz**-lap-pen.

1 Schreibe die Wörter mit Trennstrichen auf.

Luftmatratze   Katzentatze

Platzregen   Witzbold   Schatztruhe

Tennisplätze   Pudelmütze

Spatzennest   Satzzeichen

Heft 2 Seite 19 Aufgabe 1
Luft-ma-trat-ze, …

2 Wiederhole die Regeln von Trennungen bei **tz** und **ck** in eigenen Worten.
Siehe auf Seite 10 nach.

3 Suche dir ein Partnerkind. Klappe das Heft zu.
Erkläre die Trennungsregeln von **tz** und **ck**.
Überlegt gemeinsam: Ist **tz** ein eigener Laut?

4 Schreibe eine Wunschliste für Lola mit Trennstrichen in dein Heft.

Heft 2 Seite 19 Aufgabe 4
einen Lo-cken-stab
eine di-cke Müt-ze
…

Zu meinem Geburtstag wünsche ich mir: einen Lockenstab, eine dicke Mütze und zwei Wickelröcke. Zu Essen wünsche ich mir: Lakritze, Haferflocken, Grütze, Wackelpudding und Nussschnecken. Das wird eine tolle Party!

Lernportion 3: Kurze und lange Vokale

3. Wörter mit ie verlängern

> Höre ich am Ende einer Silbe ein langes i, schreibe ich meist **ie**:
> Wie-ge, Zie-ge, Zwie-bel.
> Einsilbige Wörter verlängere ich.
> So kann ich die offene Silbe mit dem ie hörbar machen:
> Brief – Brie-fe, Tier – Tie-re, nie – nie-mals, tief – tie-fer, liegt – lie-gen.

1 Schreibe alle zweisilbigen Wörter in Silben auf.
Entscheide: **ie** oder **i**.

T✶r | l✶b | R✶ng | Br✶f | t✶f | D✶b
sch✶ben | w✶rken | p✶nk | l✶gt
n✶mals | h✶nken | l✶speln | verl✶ren

Heft 2 Seite 20 Aufgabe 1
schie-ben, ...

2 Verlängere die einsilbigen Wörter aus **1**.
Entscheide: offene oder geschlossene Silbe?
Schreibe **ie** oder **i**.

Heft 2 Seite 20 Aufgabe 2
Tie-re → Tier, ...

3 Suche dir ein Partnerkind.
Vergleicht eure Lösungen von **2**.
Berichtigt Fehler und erklärt einander die Regel.

4 Finde eigene Wörter mit **i** und **ie**.
Diktiere sie deinem Partnerkind.

Heft 2 Seite 20 Aufgabe 4
...

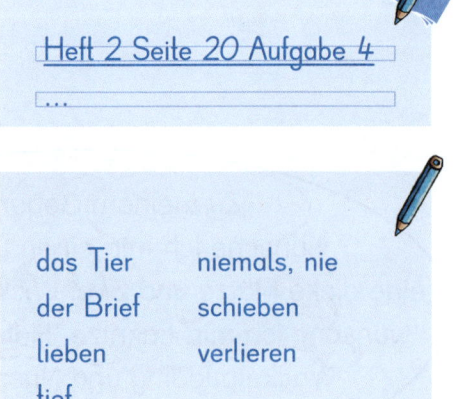

das Tier   niemals, nie
der Brief   schieben
lieben   verlieren
tief

20   Lernportion 3: Kurze und lange Vokale   → AH Seite 23

3. Den Vokalwechsel beachten

> Wenn ich Verben in die 1. Vergangenheit setze,
> ändert sich manchmal der Vokal: wir rufen – wir riefen.
> Dabei kann auch die Länge des Vokals wechseln:
> ich falle – ich fiel, ich reite – ich ritt.

1 Ordne die Vergangenheitsformen der passenden Gegenwartsform zu. Schreibe und zeichne Silbenbögen.

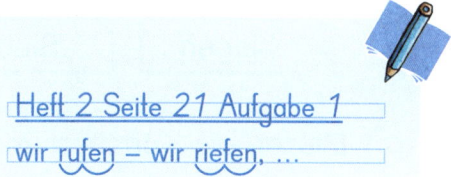
Heft 2 Seite 21 Aufgabe 1
wir rufen – wir riefen, …

| wir rufen | wir heißen | wir schlafen | wir bleiben | wir schreiben |

| wir schrieben | wir schliefen | wir riefen | wir hießen | wir blieben |

2 Setze die Verben aus **1** in die Ich-Form der 1. Vergangenheit. Markiere das **ie**.

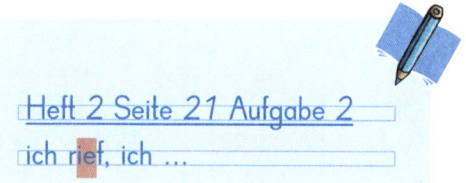
Heft 2 Seite 21 Aufgabe 2
ich rief, ich …

3 Setze die Verben in die 1. Vergangenheit. Schreibe in Silben. Achte auf den langen oder kurzen Vokal.

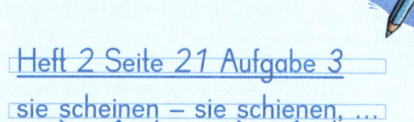
Heft 2 Seite 21 Aufgabe 3
sie scheinen – sie schienen, …

| sie scheinen | wir streiten | wir steigen |

| sie gießen | sie reiten | wir treffen |

4 Vergleiche deine Lösung von **3** mit der Lösung eines Partnerkindes. Besprecht euch.

5 Findet in der Gruppe weitere Verben, bei denen sich der Vokal in der 1. Vergangenheit ändert. Wiederholt die Regeln zum langen **ie** und zu doppelten Konsonanten in eigenen Worten.

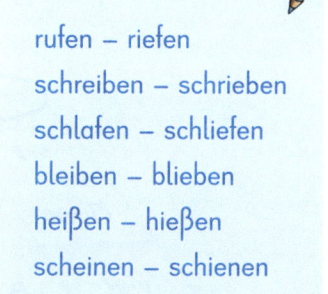
rufen – riefen
schreiben – schrieben
schlafen – schliefen
bleiben – blieben
heißen – hießen
scheinen – schienen
steigen – stiegen

Lernportion 3: Kurze und lange Vokale

3. Bingo mit ie-Wörtern spielen

1 Spiele gemeinsam mit einem anderen Kind ein **Bingo-Spiel mit ie-Wörtern**.

Du brauchst: Kärtchen, Muggelsteine oder Ähnliches.

a) Schreibe die ie-Wörter mit deinem Partnerkind auf Kärtchen.

Liebe	tief	rief	sieben	wieder	schief
niesen	Dieb	Riese	lieber	riesig	viel
biegen	Sieb	Fliege	Bier		

b) Mische die Kärtchen und lege sie verdeckt auf einen Stapel.

c) Ziehe mit deinem Partnerkind abwechselnd und lies das Wort.
Findest du es auf deiner Karte, lege ein Steinchen auf das Feld.

Spieler 1

Liebe	sieben	niesen	Dieb
rief	tief	schief	Riese
Fliege	wieder	lieber	riesig
viel	Bier	Sieb	biegen

Spieler 2

Sieb	schief	lieber	riesig
Bier	niesen	tief	wieder
Riese	biegen	rief	Liebe
sieben	viel	Fliege	Dieb

d) Gewinner ist, wer als Erster vier Steinchen in einer Reihe liegen hat:
senkrecht, waagerecht oooo oder diagonal.

Du kannst auch eigene Bingokarten und Spielfelder herstellen!

22   Lernportion 3: Kurze und lange Vokale

4 Nomen mit b, d und g verlängern

Manchmal kann ich nicht hören, ob ich ein Wort mit **b** oder **p**, **d** oder **t**, **g** oder **k** schreiben muss. Dann verlängere ich das Wort, so kann ich den Laut besser hören.

Bei Nomen suche ich die Mehrzahl.
die Bur_? (g oder k?)   Beweis: die Burgen   Lösung: die Burg

Adjektive passe ich an ein Nomen an.
wil_? (d oder t?)   Beweis: das wilde Tier   Lösung: wild

Bei Verben suche ich die Grundform.
sie lie_t? (b oder p?)   Beweis: lieben   Lösung: sie liebt

1 Bilde die Mehrzahl der Nomen. Schreibe Einzahl und Mehrzahl mit Artikel in dein Heft. Markiere den Buchstaben, bei dem du nachdenken musst.

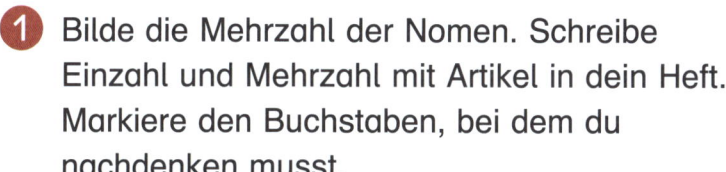

Heft 2 Seite 23 Aufgabe 1
die Könige – der König,
…

2 Schreibe mindestens drei eigene Beispiele.

Heft 2 Seite 23 Aufgabe 2
die Räder – das Rad, …

3 Finde ein Partnerkind. Überprüft eure Lösungen von ❷ gegenseitig mit einem Wörterbuch oder der Wörterliste.

der König   der Berg   der Saft   das Geld
der Abend   das Land   der Ast

Lernportion 4: Ableiten und verlängern   23

4 Verben verlängern

1 In jedem Quartett fehlt eine Karte.
Ergänze die Grundform. Schreibe die Quartette auf.

Heft 2 Seite 24 Aufgabe 1
du liegst – er liegt –
ihr liegt – liegen
…

2 Verlängere die Verben und schreibe
die Grundform und die Personalform auf.
Entscheide, ob **b/p** oder **g/k**.

Heft 2 Seite 24 Aufgabe 2
fliegen – fliegt, …

Ein Vogel flie✶t hoch am Himmel.

Er schrau✶t sich allmählich immer höher hinauf zu den Wolken.

Ein Albatross schwe✶t stundenlang dicht über den Wellen.

Selbst wenn du laut hu✶st, blei✶t die Taube sitzen.

Ein Vogel mer✶t, wenn es Winter wird.

3

es wird – werden
sie steigt – steigen
er erlaubt – erlauben

24   Lernportion 4: Ableiten und verlängern

4 Adjektive verlängern

1 Setze **b** oder **p**, **d** oder **t**, **g** oder **k** ein.

a) Schreibe ab.

Der Weg ist mir frem⋆. – der ___ Weg

Der Ball ist run⋆. – der ___ Ball

Der Drachen ist bun⋆. – der ___ Drachen

Die Blume ist gel⋆. – die ___ Blume

Der Professor ist klu⋆. – der ___ Professor

Heft 2 Seite 25 Aufgabe 1
a) Der Weg ist mir fremd. ↪
der fremde Weg
...
b) ...

Alle Adjektive auf -ig schreibe ich mit g. Das kann ich mir gut merken.

b) Finde und schreibe weitere Beispiele.

2 Steigere die Adjektive.
Entscheide: **b/p**, **d/t** und **g/k**.

| wil⋆ | run⋆ | plum⋆ | star⋆ |

| lie⋆ | ekli⋆ | har⋆ |

Heft 2 Seite 25 Aufgabe 2
wild ↪ wilder – am wildesten
...

3 Vergleiche dein Ergebnis von **2** mit dem eines Partnerkindes.
Erkläre, wie du die Adjektive verlängern kannst.

4 Suche dir mit deinem Partnerkind weitere Kinder.

a) Besprecht in der Gruppe, wie ihr Adjektive, Verben und Nomen verlängert.

b) Erklärt, wobei euch das Verlängern hilft.

c) Beschreibt euch gegenseitig, ob euch das leicht- oder schwerfällt.

→ AH Seite 34   Lernportion 4: Ableiten und verlängern

4 Verben und Nomen ableiten

Ich schreibe ein Wort mit **ä** oder **äu**,
wenn ich es aus einem Wort mit **a** oder **au** ableiten kann.

das Äffchen ⚡ der Affe

aufräumen ⚡ der Raum

1 Finde verwandte Wörter. Leite ab.

a) Schreibe die Wortpaare.

Klein ist: Groß ist:

das Bändchen ⚡ das ▢
das Wäldchen ⚡ ▢
▢ ⚡ die Hand
▢ ⚡ das Lamm
▢ ⚡ der Mann
▢ ⚡
▢ ⚡

Heft 2 Seite 26 Aufgabe 1
a) das Bändchen ⚡ das Band
...
b) ...

b) Schreibe mindestens vier eigene Beispiele.

2 Finde das verwandte Verb.
Schreibe das Wortpaar ins Heft.
Markiere **ä** und **äu**.

der Traum   der Kamm
der Glanz   der Schaum
die Zahl
der Raum

Heft 2 Seite 26 Aufgabe 2
⚡: der Raum – aufräumen
...

das Rad   die Hand
das Band   der Mann
der Wald

26   Lernportion 4: Ableiten und verlängern   → AH Seite 35

4 Verben mit ng und nk verlängern

1 Suche dir ein Partnerkind. Würfelt und rückt mit eurer Spielfigur in Pfeilrichtung entsprechend der Augenzahl vor.
Bildet durch Verlängern die Grundform.
Macht **ng** oder **nk** hörbar.

> Bei manchen Verbformen kannst du **ng** oder **nk** nicht deutlich hören. Bilde dann die Grundform:
> sie sprin★t – springen
> er den★t – denken

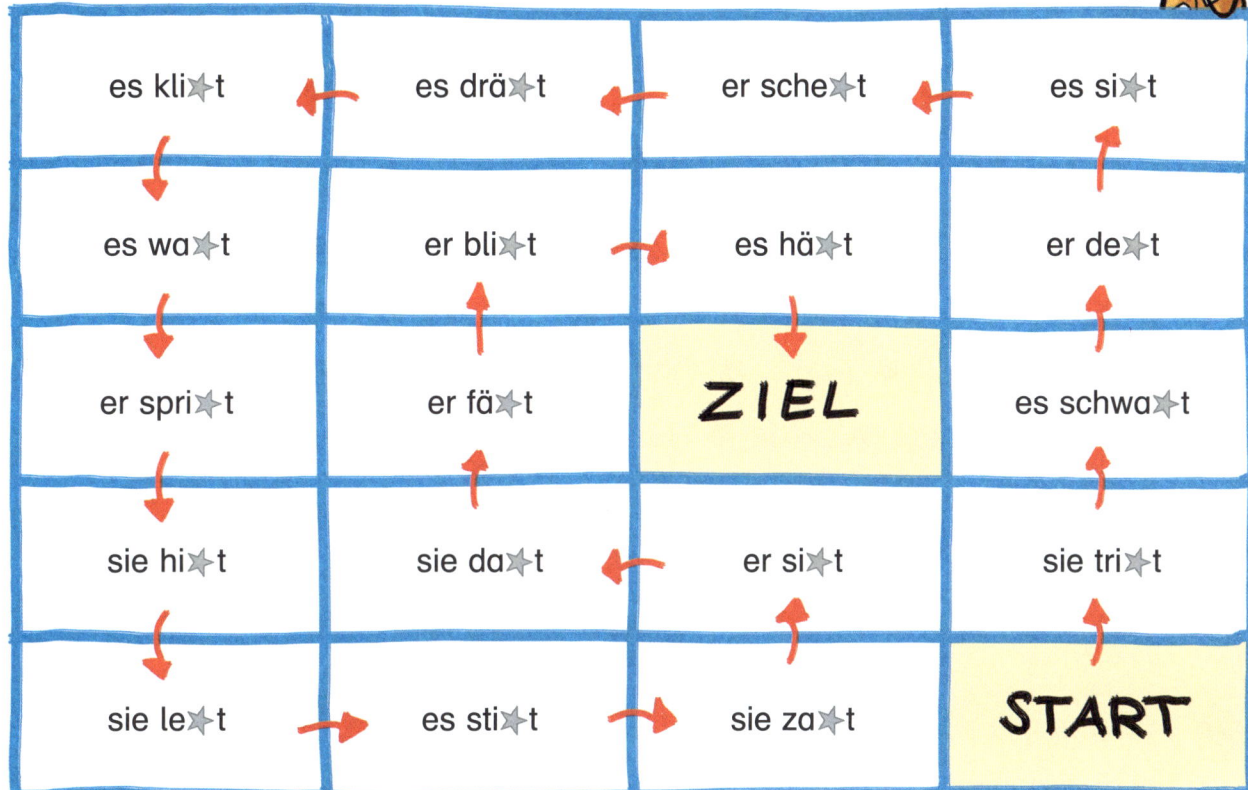

2 Bilde mithilfe der Verben aus ❶ Reimwortketten in der Grundform.

Heft 2 Seite 27 Aufgabe 2
danken – schwanken …

3 Suche und schreibe aus der Wörterliste ab Seite 51 Wörter, bei denen du deutlich **ng** oder **nk** hören kannst.

Heft 2 Seite 27 Aufgabe 3
dunkel, …

Lernportion 4: Ableiten und verlängern

5. Das Alphabet wiederholen

> Das Abc nennt man auch **Alphabet**.

1 Suche dir ein Partnerkind.
Sagt euch gegenseitig das Alphabet auf.

2 Lies die Wörter.

Berg ✹ morgen ✹ Punkt ✹ Kreis ✹ Erde ✹ Zeit ✹ Dorf ✹ gleich ✹ etwas ✹ Feuer ✹ lachen ✹ immer ✹ Idee ✹ heute ✹ Uhr ✹ Traum ✹ Ort ✹ oben ✹ Schluss ✹ unten ✹ Hase ✹ Jacke ✹ neben

Heft 2 Seite 28
Aufgabe 2
a) Erde, ...
b) Berg, ...

a) Schreibe alle Wörter auf, die mit einem Vokal beginnen.

b) Schreibe alle Nomen nach dem Alphabet geordnet auf.

3 Suche dir ein Partnerkind.
Überlegt gemeinsam, wie ihr die Wörter alphabetisch ordnet. Schreibt einen Merksatz.

| lachen | Licht | Lampe |

4 Ordne diese Wörter nach dem Alphabet.

1 alt, arm, albern, ängstlich
2 braun, böse, blass, blind
3 trinken, tanken, denken, danken, schenken, lenken

Wörter mit ä, ö, ü ordnest du ein, als hätten sie keine Pünktchen.

Heft 2 Seite 28 Aufgabe 4
1 albern, ...
2 ...

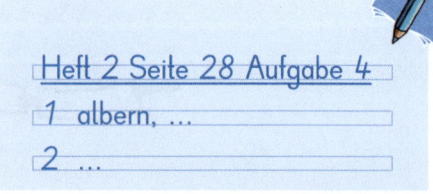

etwas   heute
gleich   morgen
lachen   neben

Lernportion 5: Nachschlagen

5 Wörter im Wörterbuch finden

Im Wörterbuch stehen die Wörter nach dem Alphabet geordnet. Zuerst steht **fett gedruckt** das **Stichwort**. Dahinter stehen manchmal noch Nebenstichwörter der **Wortfamilie**:
falsch, fälschen, der Fälscher, die Fälschung.

1 Sieh dir die Wörterbuchseite an.
Beantworte die Fragen in ganzen Sätzen.

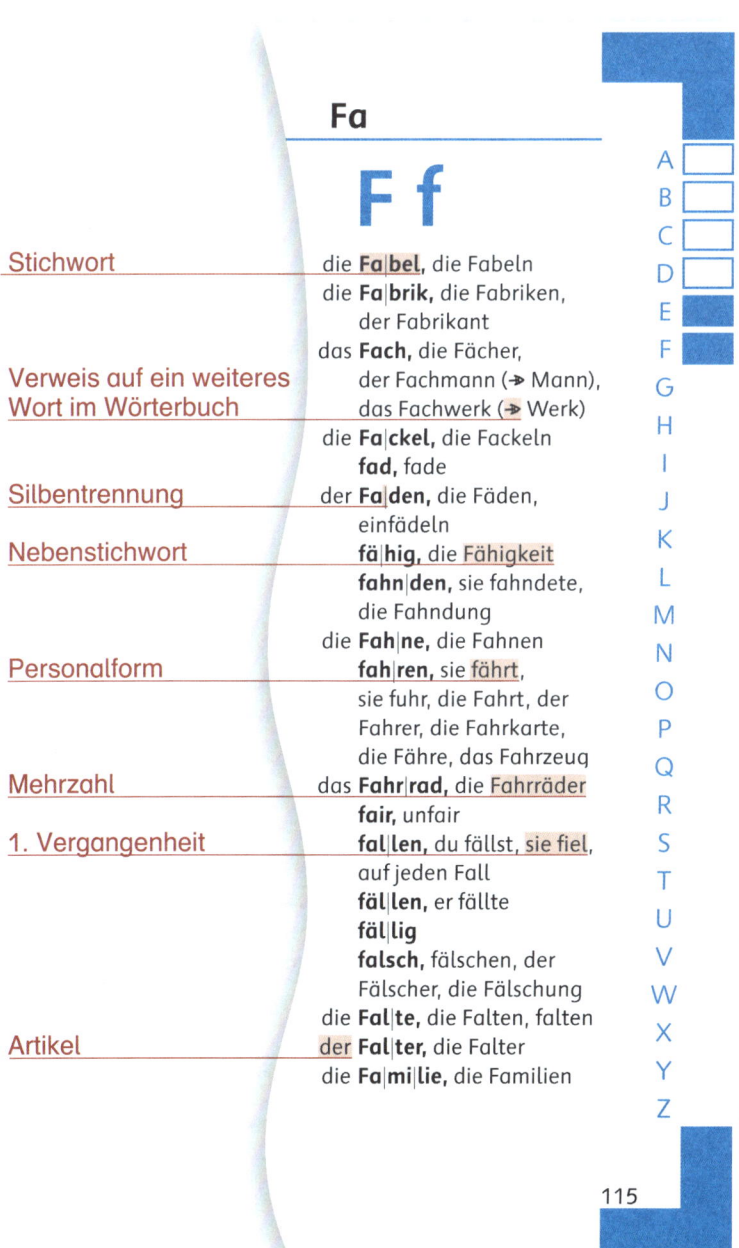

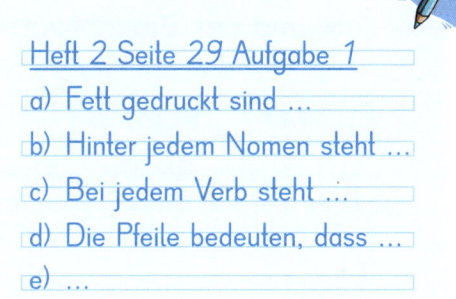

Heft 2 Seite 29 Aufgabe 1
a) Fett gedruckt sind …
b) Hinter jedem Nomen steht …
c) Bei jedem Verb steht …
d) Die Pfeile bedeuten, dass …
e) …

a) Was ist immer fett gedruckt?

b) Was steht hinter jedem Nomen?

c) Was steht bei jedem Verb dabei?

d) Was bedeuten die Pfeile?

e) Schreibe das Wort mit den meisten Nebenstichwörtern auf.

f) Schreibe drei Nomen mit der Mehrzahlform auf.

→ AH Seite 42
Lernportion 5: Nachschlagen
29

5. Mehrzahlformen im Wörterbuch finden

Wenn ein Nomen in der Mehrzahl steht, muss ich zuerst die Einzahl bilden, um das Wort im Wörterbuch zu finden:
Mäuse finde ich unter Maus.

1 Finde zu den Mehrzahlwörtern das Einzahlwort. Suche in einem Wörterbuch und schreibe die Seitenzahl und das Einzahlwort mit Artikel heraus.

Heft 2 Seite 30 Aufgabe 1
Tücher → das Tuch, Seite XX
...

Tücher   Kämme   Schwestern   Fahrräder

Eier   Fahrten   Blüten   Gärten   Wälder   Bücher   Tränen   Wörter

2 Bilde das Einzahlwort und ordne es den Buchseiten zu. Schreibe wie im Beispiel auf.

Heft 2 Seite 30 Aufgabe 2
Flüsse → der Fluss, Seite 1
...

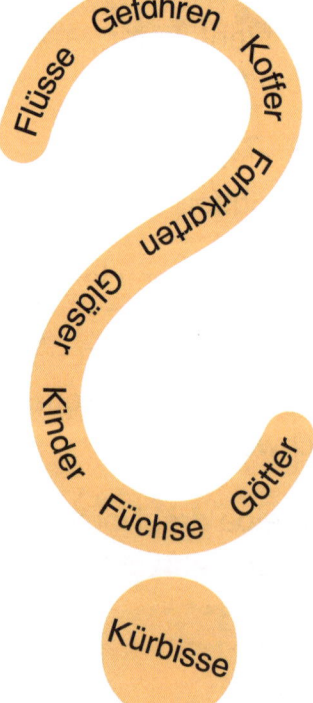

Flüsse, Gefahren, Koffer, Fahrkarten, Gläser, Kinder, Füchse, Götter, Kürbisse

fleißig ? frisch ~1~	fressen ? Futter ~2~	Esel ? falsch ~3~
geboren ? gelb ~4~	Gewitter ? Gras ~5~	glauben ? Gras ~6~
Kiefer ? Kino ~7~	Knopf ? Kohl ~8~	Kugel ? küssen ~9~

3 Finde ein Partnerkind. Vergleicht eure Lösungen von ②.

Lernportion 5: Nachschlagen

5. Verbformen im Wörterbuch finden

Verschiedene Verbformen finde ich immer bei der Grundform:
er isst steht bei essen und er rannte steht bei rennen.

1 Suche die 1. Vergangenheitsform im Wörterbuch und schreibe sie auf.

Heft 2 Seite 31 Aufgabe 1
fangen – er fing (Seite ...)
...

fangen, zanken, vergessen, werfen, nehmen, bitten, waschen, flattern, wissen, helfen, machen, fliegen

Die 1. Vergangenheit eines Verbs steht auch bei der Grundform.

2 Suche mit einem Partnerkind im Wörterbuch die Grundform der Verben. Schreibt hinter die Verbform die Grundform und auch die Seitenzahl.

sie sah | fror | er schnitt | er aß
es brannte | sie erschrak | saß

Heft 2 Seite 31 Aufgabe 2
sie sah – sehen (Seite ...)
...

3 Schreibe auf, was du heute gelernt hast. Überlege, was dir beim Lernen geholfen hat.

Lernportion 5: Nachschlagen

5. Zusammengesetzte Nomen nachschlagen

> Zusammengesetzte Wörter zerlege ich in ihre Bestandteile und schlage diese Wörter einzeln im Wörterbuch nach:
> Buntspecht: bunt + Specht

1 Zerlege die acht zusammengesetzten Nomen in Einzelwörter. Überprüfe die Rechtschreibung der einzelnen Wörter mit dem Wörterbuch und schreibe sie richtig auf.

Herr Maier ist Förster. Zusammen mit einem Waltarbeiter schaut er, welche Laubbeume gefällt werden müssen. Auf einem alten Baum nistet ein Buntschpecht. Der Baum darf deshalb noch stehen bleiben. Auch die Informatzionsschilder am Naturlehrpfat müssen neu befestigt werden. Als er die Futtergrippe auffüllt, kommen zwei Wiltschweine und ein Rehkiz.

Heft 2 Seite 32 Aufgabe 1
der Wald + arbeiten
der Waldarbeiter
das Laub + die Bäume
die Laubbäume
...

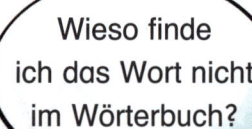

Wieso finde ich das Wort nicht im Wörterbuch?

2 Bilde mit einem Partnerkind Wörterketten.

Treppenhaus — Haustür — Türschloss

32 Lernportion 5: Nachschlagen

5 Fremdwörter aufschreiben und erklären

1 Verfolge die Linien mit dem Finger und schreibe die Wörter geordnet nach ihrer Herkunft auf.
Schreibe bei Nomen die Artikel dazu.

Heft 2 Seite 33 Aufgabe 1
GB: das Hobby, das T-Shirt, …
F: das Baguette, …
…

Wenn du den Artikel nicht weißt, schlage im Wörterbuch nach oder frage deinen Lehrer.

(GB)   (F)   (GR)   (I)

Hobby   Baguette   Lexikon   Pianist

Thermometer   T-Shirt   Café   präparieren

Mathematik   Sport   Bonbon

Pizza   cool   Psychologe   Saison

Rollerskates   Verb   Champignon

Symbol   Test   Skizze   Picknick

2 Suche das Fremdwort mit derselben Bedeutung im Wörterbuch.

Innenstadt = Ci✶✶
kräftig rosa = p✶✶✶
Versuch = Ex✶✶✶✶✶✶✶✶✶✶
gesundheitlich in Form = ✶✶✶

Heft 2 Seite 33 Aufgabe 2
Innenstadt = …
…

Die Römer in Italien sprachen früher Latein. Viele unserer Wörter kommen aus dieser Sprache.

3 Suche dir mindestens ein Wort von Aufgabe **1** aus.
Erkläre die Bedeutung mit eigenen Worten.

Heft 2 Seite 33 Aufgabe 3
Pizza ist …
…

Lernportion 5: Nachschlagen

5 Wörter nachschlagen und Texte berichtigen

1 Schlage die markierten Wörter in einem Wörterbuch nach und schreibe sie richtig auf.

Heft 2 Seite 34 Aufgabe 1
wunderbar, …

Das Schulfest am letzten Samstag war <u>wundabar</u>. Bei <u>stralendem</u> Sonnenschein waren mehr als dreihundert Leute gekommen, um gemeinsam das <u>Jubileum</u> der Erich-Kästner-Grundschule zu feiern. Vor genau fünfzig Jahren wurden hier <u>nähmlich</u> die ersten Erstklässler eingeschult. Die Klassen hatten <u>Abwechslungsreiche</u> Vorführungen, lustige Spiele, verschiedene <u>Bastelstazionen</u> und viele leckere <u>Schpezialitäten</u> aus allen Ländern vorbereitet. Das ganze Schulgebäude war liebevoll dekoriert. Der Höhepunkt des Tages war die <u>Klassenolimpyade</u>. Alle Schüler trafen sich zu einem <u>fähren</u> Wettkampf im Torwandschießen, Froschweitsprung und Drachenlauf. Hier gelang es der Klasse 4b unter den Anfeuerungsrufen der Fans die <u>Paralelklasse</u> hinter sich zu lassen. Bei der Gesamtwertung erzielte jedoch die Klasse 3a das beste Ergebnis und durfte den <u>Pockal</u> in Empfang nehmen. Unser Hausmeister bekam noch einen <u>Blumenstrauss</u>, weil er das Fest so toll organisiert hatte. Danach halfen alle Eltern, Schüler und Lehrer beim Aufräumen.

Oh! Einige Wörter sind falsch.

6 v-Laute unterscheiden

M

V wird unterschiedlich gesprochen:
- **v** wie **f**, z. B. viel, bevor,
- **v** wie **w**, z. B. Klavier, Veranda.

V-Wörter musst du dir merken.

1 Ersetze die Bilder durch die passenden Wörter. Schreibe die Zettel ab. Lies die Wortgruppen mit den **V**-Wörtern einem Partnerkind vor.

Heft 2 Seite 35 Aufgabe 1
viele Kugeln Vanilleeis
...

- viele Kugeln
- eine violette
- eine versteckte
- eine verrostete
- eine vollgekleckerte
- ein verstimmtes
- ein verwaschener

Vase   Vanilleeis
Klavier   Viper
Pullover   Lokomotive
Serviette

2 Schreibe die Wörter in dein Heft:
blau = Wörter, bei denen **v** wie f gesprochen wird,
grün = Wörter, bei denen **v** wie w gesprochen wird

Heft 2 Seite 35 Aufgabe 2
völlig, Villa ...
...

völlig, Villa, Virus, vor, Vogel, voll, vier, Verb, Lava, Verbindung, Larve, Vulkan, Viper, November, Vetter, bravo, Pulver, vielleicht, Vers, brav, Ventil, Nerven, Silvester, Vater

vier
voll
vielleicht

→ AH Seite 50   Lernportion 6: Merkwörter und häufige kleine Wörter   35

6. Häufige kleine Wörter üben

1 Schreibe mindestens fünf Sätze in dein Heft.
Benutze so viele Wörter der Wortkarten wie möglich.

| voll | sehr | wann | zuletzt |
| wie | zurück | wieder |

Heft 2 Seite 36 Aufgabe 1
Wann wird es wieder …

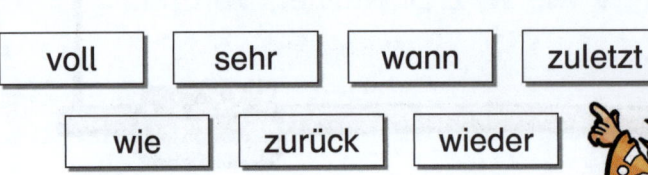

So kleine Wörter können einen ganzen Satz verändern!

2 Finde ein Partnerkind.

a) Überprüft eure Sätze von ❶ auf die Rechtschreibung.

b) Sucht selbst in einem Buch oder einer Geschichte nach häufigen Wörtern. Schreibt sie auf.

Heft 2 Seite 36 Aufgabe 2
b) und, …

3 Suche dir andere Kinder. Verändert gemeinsam mit den kleinen Wörtern den Satz. Besprecht euch, wie sich die Sätze in ihrer Bedeutung ändern.

| hier | immer | zusammen | wieder | nie | … |

4 Schreibe die Sätze von ❸ auf.

Heft 2 Seite 36 Aufgabe 4

Lernportion 6: Merkwörter und häufige kleine Wörter

6 Wörter mit doppelten Vokalen üben

M

1 Schreibe die Wörter mit doppeltem Vokal mit Artikel auf.

Heft 2 Seite 37 Aufgabe 1
die Saat, ...

2 Schreibe die Wörter auf.

d**CC**f   Erdb★★★re   M**CC**r   W●●ge

p●●r   M★★r   Z**CC**   l★★r   St●●t

T★★r   ●●l   M**CC**s   Kl★★   B**CC**t

Heft 2 Seite 37 Aufgabe 2
doof, ...

3 Ergänze die Reimwörter und schreibe den ganzen Satz ins Heft. Unterstreiche die Reimwörter des Satzes in derselben Farbe.

Der Zwerg verspeist **Gelee** am .

Die **Ameisenarmee** marschiert durch die .

Im **Mäusehaar,** da sitzt ganz frech ein .

Die **Fee** trinkt heute mal statt  einen .

4

das Meer
die See
der Schnee
der Kaffee
das Haar

Lernportion 6: Merkwörter und häufige kleine Wörter

6. Wörter mit Dehnungs-h erkennen

1 Suche zu den Bildern Reimwörter.
Achtung: In den Wörtern versteckt sich
nach dem langen Vokal ein Dehnungs-**h**.
Benutze das Wörterbuch.

Heft 2 Seite 38 Aufgabe 1
Zahn – Kahn, ...

Z = K　　F = S　　M = S　　M = Str　　Sch = K　　M = R

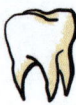     

2 Lass dir von einem Partnerkind die Sätze diktieren.

1 Die Großmutter erzählt eine Geschichte.
2 In einem Jahr ist viel passiert.
3 Ich kaufe zehn Handtücher.
4 Wir fahren bald nach Italien.
5 Auch in Lügengeschichten sind manche Dinge wahr.

Heft 2 Seite 38 Aufgabe 2
1 Die Großmutter ...
2 ...

3 Ordne mit einem Partnerkind jeder Wortfamilie
ein Nomen, ein Verb und ein Adjektiv zu.
Schreibe und markiere das Dehnungs-**h**
und den Vokal davor.

Heft 2 Seite 38 Aufgabe 3
fühlen: das Gefühl, ...

fühlen　　rühren　　wohnen　　lehren

das Gefühl　　rührselig　　die Wohnung　　anfühlen

der Rührbesen　　die Lehrerin　　gefühlvoll　　wohnhaft

lehrreich　　bewohnen　　belehren　　umrühren

erzählen
fahren
wahr
das Jahr
zehn

4 Besprecht in der Gruppe, wie euch Wortfamilien
bei der Rechtschreibung helfen.

Lernportion 6: Merkwörter und häufige kleine Wörter

6. Wörter mit ß einsetzen   M

1 Löse das Rätsel.   A=1 / B=2 / C=?

Beispiel: | 2.5.9.ß.5.14 | beißen

| 19.20.18.1.ß.5 | | 23.5.9.ß | | 19.16.1.ß |

| 6.12.9.5.ß.5.14 | | 4.18.1.21.ß.5.14 |

| 19.20.15.ß.5.14 | | 6.12.5.9.ß.9.7 | | 1.21.ß.5.18 |

Heft 2 Seite 39
Aufgabe 1
beißen, …

2 Finde Reimwörter. Schreibe und setze die Silbenbögen.

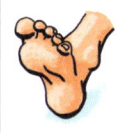   

F✶✶ß   b✶✶ß✶✶   g✶✶ß✶✶   F✶✶ß
Gr✶✶   r✶✶✶✶✶   spr✶✶✶✶✶   St✶✶
R✶✶   schm✶✶✶✶✶   sch✶✶✶✶✶   bl✶✶
            h✶✶✶✶✶   schl✶✶✶✶✶   gr✶✶

Heft 2 Seite 39
Aufgabe 2
Fuß, Gruß, …

3 Welches Tier ist Tims Lieblingstier?
Schreibe den Text auf. Setze dabei Wörter
aus **1** und **2** in der passenden Form ein.

Tims bester Freund ▢ Krümel.
Am liebsten ist er ▢ im Garten.
Doch wenn er Tim sieht,
streicht er ihm zum ▢ um die Beine.
Sein ▢ Fell mag Tim gerne. Er hat mit ihm viel ▢.
Leider ist Krümel auch ein Tollpatsch.
Manchmal ▢ er die Bodenvase um
oder ▢ mit seinen Krallen an den Vorhängen.
Doch er ▢ Tim nie!

Heft 2 Seite 39
Aufgabe 3
Tims bester Freund
heißt Krümel. …

die Straße
außer
draußen
heißen

→ AH Seite 51   Lernportion 6: Merkwörter und häufige kleine Wörter   **39**

6. Wörter mit ih merken

Nur wenige Wörter mit langem i schreibe ich mit **ih,** zum Beispiel:
ihm, **ih**r, **ih**n, **ih**nen, **ih**re, **ih**rem.
Ich verwende sie sehr oft und muss sie mir merken.

1 Schreibe den Text ab und setze die Wörter richtig ein.

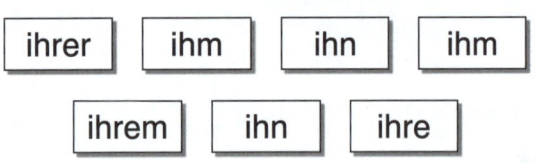

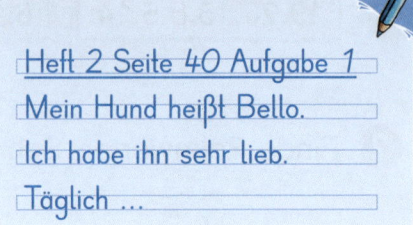

Mein Hund heißt Bello. Ich habe ▢ sehr lieb.
Täglich füttere ich ▢ und spiele mit ▢.
Nach der Schule gehe ich mit ▢ spazieren.
Meine Freundin hat drei junge Katzen.
▢ Namen sind Minka, Tinka und Katerle.
Sie liegen gerne in ▢ Körbchen
und kuscheln mit ▢ Mutter.

2 Ordne mit einem Partnerkind die Wörter den Bildern zu. Begründe.

Das Fahrrad gehört ihm.
„Ihm" passt zum Jungen.

Lernportion 6: Merkwörter und häufige kleine Wörter

6 Wörter mit qu bilden

M

1 Bilde aus den Silben Wörter.
Schreibe die Wörter mit Silbenbögen in dein Heft.
Die Bilder helfen dir.

Heft 2 Seite 41 Aufgabe 1
die Quelle, …

2 Lies die Wörter und schreibe in deiner schönsten Schrift Unsinnsätze mit **qu**-Wörtern.

Heft 2 Seite 41 Aufgabe 2
…

Qualmende Quadrate quietschen qualvoll.

3

Lernportion 6: Merkwörter und häufige kleine Wörter

7 Nomen erkennen

Nomen schreibe ich **groß**. So erkenne ich sie:
1. Ich setze **vor das Wort einen Artikel:**
   der Onkel, **die** Mutter, **das** Kind, **die** Hoffnung …
2. Ich bilde die **Mehrzahl:** der Name – die Namen …
3. Ich **merke** mir: Namen von Personen, Städten oder Ländern sind auch Nomen: Anna, Paris, Deutschland …

1 Finde die Nomen aus der Wörterschlange heraus und schreibe sie immer in Einzahl und Mehrzahl auf.

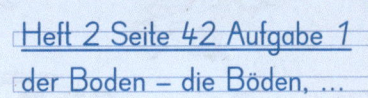

Heft 2 Seite 42 Aufgabe 1
der Boden – die Böden, …

BODENONKELFOTOBRUDERDORFTOCHTERLOCH

2 Suche die 14 Nomen im Text.
Schreibe sie auf. Überprüfe und unterstreiche:
Vor das Wort in der Einzahl kann man
einen Artikel (= blau) setzen.
Das Wort steht in der Mehrzahl (= rot).
Das Wort ist ein Name von Personen, Städten oder Ländern (= gelb).

Heft 2 Seite 42 Aufgabe 2
Tom, …

TOM UND ICH HATTEN IN DEN FERIEN EINE LUSTIGE IDEE.
WIR WOLLTEN ZWEI MÄDCHEN AUS UNSERER KLASSE
EINEN SCHRECK EINJAGEN. WIR RADELTEN ZUM FLUSS.
DORT VERSTECKTEN WIR UNS UNTER DER BRÜCKE
UND WARTETEN. ALS WIR STIMMEN HÖRTEN,
SPRITZTEN WIR MIT UNSEREN WASSERPISTOLEN.
GLEICHZEITIG ABER WURDEN WIR PITSCHNASS.
LISA UND ANNA HATTEN EINEN EIMER VOLL WASSER
VON OBEN HERUNTERGESCHÜTTET.

das Dorf
die Ferien
das Foto

3 Suche dir ein Partnerkind. Vergleicht eure Lösungen von **2**.

Lernportion 7: Groß- und Kleinschreibung

7 Satzanfänge großschreiben

Satzanfänge schreibe ich **groß:** Die Feuerwehr hat viele Aufgaben.

1 Verfolge die Satzspuren mit dem Finger und schreibe die vier Sätze richtig auf.

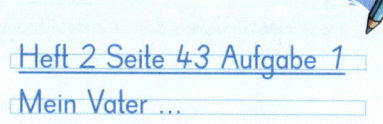
Heft 2 Seite 43 Aufgabe 1
Mein Vater …

2 Schreibe den Text richtig ab.
Schreibe die 12 Nomen und Satzanfänge groß.
Markiere Nomen im Satz grün und Satzanfänge rot.

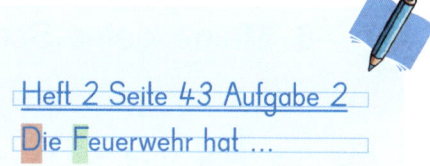
Heft 2 Seite 43 Aufgabe 2
Die Feuerwehr hat …

die feuerwehr hat viele aufgaben. ihre wichtigste
aufgabe ist es, feuer zu löschen. sie hilft aber auch,
wenn ein unfall passiert ist. dann rettet sie die verletzten.
die feuerwehr beseitigt auch die schäden nach einem unwetter,
sie pumpt keller leer und räumt umgestürzte bäume aus dem weg.

**3**

→ AH Seite 60 Lernportion 7: Groß- und Kleinschreibung 43

7. Zeitangaben großschreiben

> Die Namen der **Wochentage, Monate** und die **Zeiteinheiten** schreibe ich **groß**: Dienstag, Januar, drei Stunden, zwei Jahre, ein Monat.
> Ich erkenne sie an einem **Signalwort, dem Artikel.** Manchmal ist er versteckt: **am** Abend (= **an dem** Abend), **im** Mai (= **in dem** Mai).

1 Setze die Wörter richtig ein.
Schreibe erst das Wort mit dem Artikel und dann den passenden Satz auf.

1 Am ▢ trinke ich eine warme Milch.
2 Jeden ▢ ziehe ich mich an.
3 Ich habe im ▢ Geburtstag.
4 1 000 Meter schwimme ich in einer halben ▢.
5 Am ▢ gehe ich zu einem Geburtstag.
6 Meine kleine Schwester ist fünf ▢ alt.

Heft 2 Seite 44 Aufgabe 1
1 der Abend: Am Abend trinke ich …
2 …

DIENSTAG	MÄRZ
ABEND	STUNDE
JAHRE	MORGEN

2 Schreibe fünf Sätze über dich auf.
Du kannst diese Zeitangaben nutzen.

jeden Tag   am Wochenende   im Mai
in den Sommerferien   im Frühling
nächstes Jahr   um sieben Uhr   am Mittwoch   an Weihnachten

Heft 2 Seite 44 Aufgabe 2
Um sieben Uhr stehe ich auf.
…

3

44   Lernportion 7: Groß- und Kleinschreibung

7. Personalpronomen im Brief großschreiben

> Im Heft „Schreiben" hast du schon gelernt, dass Personalpronomen in Briefen großgeschrieben werden. Das üben wir noch einmal!

1 Evren hat einen Brief geschrieben. Schreibe den Brief ab und setze die fehlenden Buchstaben ein.
Achtung: Personalpronomen schreibst du in einem höflichen Brief groß, Pronomen aber klein!

Heft 2 Seite 45 Aufgabe 1
Sehr geehrter Herr ...

> Sehr geehrter Herr Walther,
> ich richte mich mit einer Bitte an ∗ie.
> Immer parken ∗ie ∗hre drei Motorräder hinten am Kreisel so,
> dass wir dort unmöglich noch Fußball spielen können.
> Warum haben ∗ie eigentlich mehrere Motorräder? Müssen ∗ie
> ∗ie immer gleichzeitig fahren? Ich bitte ∗ie jedenfalls,
> ∗ie in die Garage oder an die Straße vorne zu stellen.
> Es dankt im Voraus ∗hr
> Evren Arslan

2 Schreibe die unhöflichen, umgangssprachlichen Aufforderungen in freundliche Bitten um.
Benutze die Höflichkeitsform.

Heft 2 Seite 45 Aufgabe 2
Könnten Sie bitte beiseite gehen? ...

- Geh mir aus der Sonne!
- Rück das Geld raus!
- Mach mal schneller!
- Hör auf!
- Halt den Mund!

3 Suche dir ein Partnerkind. Vergleicht eure Lösungen von **1** und **2**.
Korrigiert euch gegenseitig

Lernportion 7: Groß- und Kleinschreibung

8. Einen Text berichtigen

1 Lies die Postkarte von Tom.
Bei manchen Wörtern ist er nicht sicher, wie man sie schreibt.

> Liebe Mama, lieber Papa,
>
> gestern haben wir einen sup★ Ausflu★ in das Spielelan★ gemacht. Leider musste ich im Bus ~~schräcklich~~ dringen★ auf die ~~Tolette~~. Bei den Parkpl★tzen war dann ein Klo. Im Park ga★ es viele versch★dene ~~Atrakzionen~~.
>
> Bis bald, Tom

An Familie Seidl
An den Wäldern 3
78065 Grän

2 Schreibe die Wörter richtig auf.
Nutze die Hilfen.

1. sup★ — ⌣ Sprich deutlich in Silben.
2. Ausflu★ — ↪ Bilde die Mehrzahl.
3. Spielelan★ — ↪ Bilde die Mehrzahl.
4. dringen★ — ↪ Bilde die 1. Vergleichsstufe.
5. Parkpl★tze — ⚡ Bilde die Einzahl.
6. ga★ — ↪ Bilde die Grundform vom Verb.
7. versch★dene — Überprüfe: Kurzer oder langer Vokal?

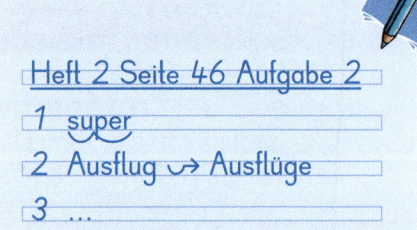

Heft 2 Seite 46 Aufgabe 2
1 super
2 Ausflug ↪ Ausflüge
3 …

So kannst du auch bei jedem eigenen Text vorgehen.

3 Schlage die durchgestrichenen Wörter der Postkarte im Wörterbuch nach.
Schreibe sie richtig auf.

Heft 2 Seite 46 Aufgabe 3
M: schrecklich, …
…

Lernportion 8: Fehler berichtigen

8 Nach Rechtschreibstrategien ordnen

Auf einen Blick:

- ⌣ In Silben gliedern: So vergesse ich keinen Buchstaben: Besen.
- ↪ Durch Verlängern ein Wort mit mehr als zwei Silben finden. So unterscheide ich **b** oder **p**, **d** oder **t** und **g** oder **k** am Wortende: Ber_ – die Berge.
- ⚡ Ein Ableitungswort bilden. So unterscheide ich **e** oder **ä** oder **eu** oder **äu**: Zäune ⚡ Zaun, Häschen ⚡ Hase.
- M Wörter mit doppelten Vokalen oder mit einem **ß** muss ich mir merken: Schnee, Fuß.

1 Überlege, welche Strategie dir bei der markierten Stelle hilft. Schreibe sie geordnet auf.

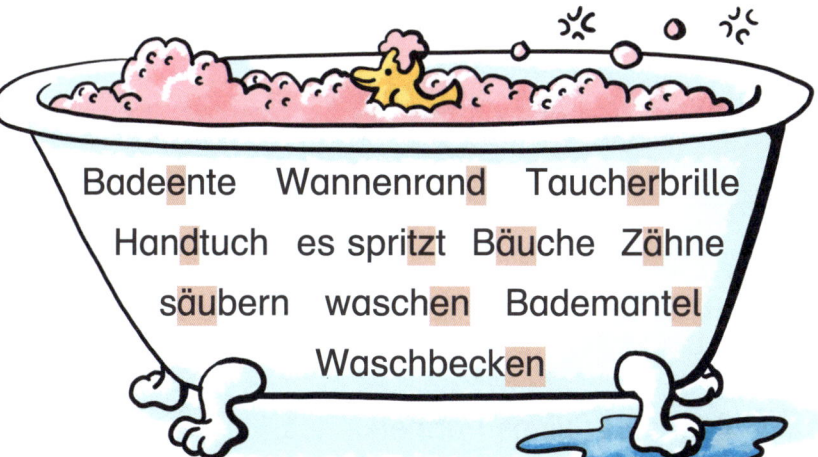

Badeente   Wannenrand   Taucherbrille
Handtuch   es spritzt   Bäuche   Zähne
säubern   waschen   Bademantel
Waschbecken

Heft 2 Seite 47
Aufgabe 1
⌣: Badeente

⚡: ...

↪: Handtuch

M: ...

2 Erstelle mit einem Partnerkind ein Strategie-Plakat. Füllt es mit Wörtern. Stellt euer Plakat anderen Kindern vor. Begründet.

→ AH Seite 66   Lernportion 8: Fehler berichtigen   47

8 Rechtschreibstrategien anwenden

1 Schreibe die Wörter mit Sternchen in dein Heft.
Ergänze dabei fehlende Buchstaben.
Überlege dir, welche Rechtschreibstrategie dir hilft:

Heft 2 Seite 48 Aufgabe 1
1 toller, Tag ↪ die Tage
2 lächelt ⚡ lachen
3 ...

1 **Ein toll✶ Ta✶ am Meer**

2 Paul l✶chelt bis über beide Ohr✶.

3 Er nimmt sich sein Fahrra✶ und f✶hrt los.

4 Heute ge✶t es mit seinem Freun✶ Tobi ans Wass✶.

5 Hier an der Nor✶see bl✶st das ganze Jahr der Win✶.

6 Für die Han✶tücher find✶ sie ein Pl✶tzchen in den Dün✶.

7 Tobi sprin✶t muti✶ ins kalte Wa✶er.

8 Paul l✶ft über den Stran✶.

9 Er l✶sst seinen bunt✶ Drach✶ steig✶.

2 Vergleiche deine Lösung von ❶ mit der eines Partnerkindes.
Erklärt einander eure jeweilige Rechtschreibstrategie.

 3

Lernportion 8: Fehler berichtigen → AH Seite 67

8 Rechtschreibfehler berichtigen

1 In Monis Text sind die Fehler schon markiert. Schreibe den Text fehlerfrei ab. Lass dabei immer eine Zeile frei. Begründe die richtige Schreibweise, z. B. „Satzanfang = groß", „Nomen = groß", „Verb = klein" oder „Adjektiv = klein". Schreibe die Begründung über das Wort in die leere Zeile.

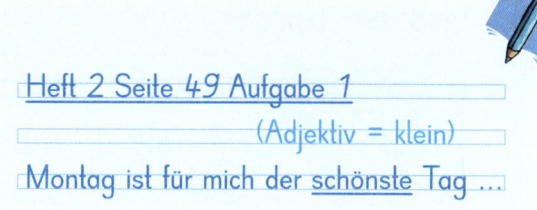

Heft 2 Seite 49 Aufgabe 1
(Adjektiv = klein)
Montag ist für mich der schönste Tag …

Montag ist für mich der Schönste Tag der woche. Da habe ich gitarrenunterricht. Ich hätte nicht Gedacht, dass es so viel Spaß macht. letzten Sonntag durfte ich vor publikum auftreten. Es war ganz leicht. ich war überhaupt nicht Aufgeregt. (Moni, 8 Jahre)

2 Davids Text enthält insgesamt acht Fehler.

a) Schreibe den Text fehlerfrei ab.

Seite 49, Aufgabe 2
Wenn mir langweilig ist, dann gehe …

b) Kennzeichne in deinem Heft die vier Verlängerungsfehler mit ↶→. Markiere die anderen Fehler.

c) Erkläre einem Partnerkind, was David verkehrt gemacht hat.

Wenn mir Langweilig ist, dann gehe ich auf den Bolzplaz.
Hier ist immer ein Freund, der mit mir kikt. mittwochs
trainiere ich im Fußbalverein. Am Wochenende haben wir
ein spiel. Ich spiele im Mittelfeld, aber wenn der Torwart
Krank ist, dann stehe ich zwischen den Pfosten. (David, 9 Jahre)

Ich kann auch im Wörterbuch nachschlagen.

→ AH Seite 68 — Lernportion 8: Fehler berichtigen — 49

8 Einen Unsinnstext untersuchen

1 Lies den Text.

> auf dem orms lüppeln rups und schnarzel.
> rups ömmelt: „wie kommen wir nur hips huper?"
> schnarzel runkelt: „wir müssen den lömmel entzirpsen
> und uns huperdöseln."
> rups ist wirklich schnorpselig. „unglungu,
> du ömmeliger plusu!", lomöst er.
> schnarzel lürgelt: „gomp, dann früseln wir die zamma."
> sofort ist alles in löppel. sie fröseln sich an den plömmis
> und zupfeln die zamma huper.

2 Überlege, welche Wörter für Nomen, Verben oder für Adjektive stehen. Mache dir Notizen.

3 Suche dir andere Kinder.
Untersucht in der Gruppe gemeinsam den Text nach Wortarten:

a) Vergleicht eure Erkenntnisse von **2**.

b) Erkläre einem anderen Kind, wie du vorgegangen bist.

c) Schreibe den Text richtig in Groß- und Kleinschreibung.

4 Schreibe den Text weiter oder male ein Bild zum Text.

5 Überlege dir eine eigene Aufgabe zum Text und stelle sie einem Partnerkind.

Wer lomöst, weil er schnorpselig ist?

50   Lernportion 8: Fehler berichtigen

Wörterliste

A a

ab
der **Abend,** die Abende
abends
al|lein
al|les
alt
am
an
an|stren|gend
der **Arm,** die Arme
der **Ast,** die Äste
der **Arzt,** die Ärzte
die **Ärz|tin,** die Ärztinnen
der **Ast,** die Äste
au|ßer
die **Axt,** die Äxte

B b

ba|cken, sie backte (auch: buk)
der **Bä|cker,** die Bäcker
die **Bä|cke|rin,** die Bäckerinnen
die **Bahn,** die Bahnen
das **Band,** die Bänder
die **Bank,** die Bänke
der **Baum,** die Bäume
das **Bei|spiel,** die Beispiele
der **Berg,** die Berge
die **Bie|ne,** die Bienen
bin, ich bin
bis
bist, du bist
blei|ben, sie blieb
der **Bo|den,** die Böden
das **Boot,** die Boote
bre|chen, es brach
der **Brief,** die Briefe
der **Bur|sche,** die Burschen

C c

der **Cent,** die Cents
der **Christ,** die Christen
der **Com|pu|ter,** die Computer

D d

da|bei
dann
dein, deinem, deinen
dem
den
dick
der **Dieb,** die Diebe
das **Ding,** die Dinge
das **Dorf,** die Dörfer
dort
drau|ßen
dumm
dun|kel
der **Durst**

E e

das **Ei,** die Eier
ein, einem, einen
ek|lig, ekelig
die **El|tern**
end|lich
die **Er|de**
er|lau|ben, sie erlaubte
er|schre|cken, es erschrak
erst
er|wach|sen
er|zäh|len, er erzählte
es|sen, er aß
et|was
eu|er, eurem, euren
ex|tra

51

Wörterliste

F f

fah|ren, sie fuhr
das Fahr|rad, die Fahrräder
fal|len, er fiel
die Fa|mi|lie, die Familien
die Fe|ri|en
der Fin|ger, die Finger
der Fisch, die Fische
die Fla|sche, die Flaschen
flei|ßig
flie|ßen, es floss
das Flug|zeug, die Flugzeuge
das Fo|to, die Fotos
fremd
der Freund, die Freunde
freund|lich
der Frie|den
der Fuchs, die Füchse
der Fuß, die Füße

G g

ganz, ganzem, ganzen
ge|ben, er gab
ge|gen
ge|hen, sie ging
ge|hö|ren, er gehörte
gelb
das Geld, die Gelder
ge|nau
ge|ra|de
gern
die Ge|schich|te, die Geschichten
das Ge|sicht, die Gesichter
ges|tern
gleich
das Glück
glück|lich
grü|ßen, sie grüßte
gut

H h

das Haar, die Haare
der Hals, die Hälse
hal|ten, er hielt
die Hand, die Hände
das Han|dy, die Handys
hart
heiß
hei|ßen, es hieß
hel|fen, er hilft, sie half
hell
herr|schen, er herrschte
heu|te
hier
hin
hüp|fen, sie hüpfte

I i

ihm, ihn, ihnen
ihr, ihre, ihrem, ihren
im
im|mer
in
die In|for|ma|ti|on, die Informationen
ins

J j

die Ja|cke, die Jacken
das Jahr, die Jahre
je|de, jedem, jeden
jetzt
der Jun|ge, die Jungen

Wörterliste

K k

der **Kä|fer,** die Käfer
der **Kaf|fee,** die Kaffees
der **Kä|fig,** die Käfige
ka|putt
die **Kat|ze,** die Katzen
kau|fen, sie kaufte
kein, keinem, keinen
ken|nen, er kannte
das **Kitz,** die Kitze
klug
kom|men, es kam
die **Kon|kur|renz,** die Konkurrenzen
der **Kö|nig,** die Könige
kön|nen, sie konnte
der **Kopf,** die Köpfe
krank
die **Krip|pe,** die Krippen
die **Kur|ve,** die Kurven
kurz

L l

la|chen, er lachte
der **Laib,** die Laibe
das **Land,** die Länder
las|sen, es ließ
lau|fen, er lief
le|sen, er las
das **Licht,** die Lichter
lie|ben, er liebte
lie|gen, sie lag
links
das **Loch,** die Löcher
die **Luft,** die Lüfte

M m

ma|chen, es machte
man
der **Mann,** die Männer
das **Mär|chen,** die Märchen
die **Ma|schi|ne,** die Maschinen
das **Meer,** die Meere
mein, meinem, meinen
der **Mensch,** die Menschen
mer|ken, er merkte
mich
die **Milch**
mir
mor|gen
der **Mund,** die Münder
müs|sen, es musste
die **Müt|ze,** die Mützen

N n

die **Nacht,** die Nächte
näm|lich
die **Na|se,** die Nasen
neu
nicht
nichts
nie
nie|mals
nur

O o

ob
der **Ofen,** die Öfen
of|fen
oft
die **Olym|pia|de,** die Olympiaden

53

Wörterliste

P p

der **Pfad,** die Pfade
die **Pfüt|ze,** die Pfützen
die **Piz|za,** die Pizzas
der **Platz,** die Plätze
plötz|lich
plump
der **Po|kal,** die Pokale

Qu qu

die **Qual,** die Qualen
die **Qual|le,** die Quallen
der **Qualm**

R r

das **Rad,** die Räder
der **Rand,** die Ränder
reich
rei|ten, er ritt
rie|chen, es roch
der **Ring,** die Ringe
ru|fen, er rief
rund

S s

die **Sa|che,** die Sachen
der **Saft,** die Säfte
der **Schal,** die Schals
schei|nen, es schien
schen|ken, sie schenkte
schie|ben, sie schob
schief
das **Schiff,** die Schiffe
schla|fen, er schlief
schlecht
schlimm

schnar|chen, sie schnarchte
der **Schnee**
schnei|den, es schnitt
schnell
der **Schreck,** die Schrecken
schrei|ben, er schrieb, geschrieben
schüt|zen, er schützte
schwer
schwie|rig
schwim|men, sie schwamm
sechs
der **See,** die Seen
sehr
sein, seinem, seinen
sein, er ist, sie war
seit
die **Sei|te,** die Seiten
sin|gen, er sang
sit|zen, sie saß
die **Skiz|ze,** die Skizzen
so|fort
sol|len, sie sollte
spre|chen, er sprach
sprin|gen, es sprang
die **Stadt,** die Städte
stark
die **Sta|ti|on,** die Stationen
ste|hen, es stand
stei|gen, es stieg
der **Stein,** die Steine
stel|len, es stellte
die **Stra|ße,** die Straßen
das **Stück,** die Stücke

T t

tan|ken, sie tankte
die **Ta|sche,** die Taschen
das **Ta|xi,** die Taxis
der **Text,** die Texte

Wörterliste

tief
das **Tier,** die Tiere
der **Ti|ger,** die Tiger
tra|gen, er trug
trin|ken, sie trank
die **Tür,** die Türen

U u

über|all
die **Uhr,** die Uhren
und
uns, unserem, unseren
un|ten

V v

ver|ges|sen, es vergaß
der **Ver|käu|fer,** die Verkäufer
ver|lie|ren, er verlor
ver|ste|cken, er versteckte
ver|ste|hen, sie verstand
ver|wandt
viel
viel|leicht
vier
der **Vo|gel,** die Vögel
voll
vom
von
vor|bei
vor|sich|tig

W w

der **Wa|gen,** die Wagen
wahr
der **Wald,** die Wälder
wann
wa|rum

wa|schen, er wusch
wei|nen, es weinte
wel|che, welchem, welchen
wem
wen
we|nig
wer|den, es wird, er wurde
wer|fen, sie warf
die **Wes|pe,** die Wespen
wie
wie|der
wild
wir|ken, es wirkt
die **Wo|che,** die Wochen
wol|len, er wollte
wun|der|bar
die **Wurst,** die Würste

Z z

die **Zahl,** die Zahlen
zäh|len, er zählte
der **Zahn,** die Zähne
zehn
die **Zei|tung,** die Zeitungen
zie|hen, es zog
zie|len, sie zielte
das **Zim|mer,** die Zimmer
zu
der **Zu|cker**
der **Zug,** die Züge
zu|letzt
zum
zur
zu|rück
zu|sam|men
zwei
die **Zwie|bel,** die Zwiebeln
zwölf

Grundschule Bayern

Themenheft 2
Richtig schreiben

Herausgegeben von:	Roland Bauer, Jutta Maurach
Erarbeitet von:	Ulrike Schmucker, Schrobenhausen
Auf der Grundlage der Ausgabe von:	Wiebke Gerstenmaier, Sonja Grimm
Unter Beratung von:	Enno Hörsgen, Langerringen; Dr. Klaus Metzger, Gersthofen; Dr. Helga Rolletschek, Brunnthal; Prof. Dr. Angelika Speck-Hamdan, München
Unter Begutachtung von:	Sandra Kroll-Gabriel, Ingolstadt
Redaktion:	Anemone Fesl, Christine M. Kaiser
Illustration:	Yo Rühmer, Frankfurt am Main
Umschlaggestaltung:	Cornelia Gründer, agentur corngreen, Leipzig
Layout und technische Umsetzung:	lernsatz.de

Text-/Bildquelle:
8   Kruse, Max: Nimm Entenfedern. Aus: Windkinder. Ensslin. Reutlingen 1968.

www.cornelsen.de

1. Auflage, 10. Druck 2024

Alle Drucke dieser Auflage sind inhaltlich unverändert
und können im Unterricht nebeneinander verwendet werden.

© 2015 Cornelsen Schulverlage GmbH, Berlin
© 2019 Cornelsen Verlag GmbH, Mecklenburgische Str. 53, 14197 Berlin, E-Mail: service@cornelsen.de

Das Werk und seine Teile sind urheberrechtlich geschützt.
Jede Nutzung in anderen als den gesetzlich zugelassenen Fällen bedarf
der vorherigen schriftlichen Einwilligung des Verlages.
Hinweis zu §§ 60a, 60b UrhG: Weder das Werk noch seine Teile dürfen ohne eine
solche Einwilligung an Schulen oder in Unterrichts- und Lehrmedien (§ 60b Abs. 3 UrhG)
vervielfältigt, insbesondere kopiert oder eingescannt, verbreitet oder in ein Netzwerk
eingestellt oder sonst öffentlich zugänglich gemacht oder wiedergegeben werden.
Dies gilt auch für Intranets von Schulen und anderen Bildungseinrichtungen.
Der Anbieter behält sich eine Nutzung der Inhalte für Text- und Data Mining im Sinne § 44b UrhG ausdrücklich vor.

Druck: Athesiadruck GmbH, Bozen

ISBN 978-3-06-083598-0 (Schülerbuch)
ISBN 978-3-06-081796-2 (E-Book)

Dieses Heft ist Bestandteil des Pakets „Einsterns Schwester 3" (ISBN 978-3-06-083537-9) und kann auch einzeln bestellt werden.

PEFC-zertifiziert
Dieses Produkt
stammt aus
nachhaltig
bewirtschafteten
Wäldern und
kontrollierten Quellen

PEFC/18-31-166   www.pefc.de